엮은이 펠리시아 로
영국에서 초등학교 교장이자, 교육 프로그램 설계 및
콘텐츠 기획 전문가로 이름이 알려져 있어요.
오랫동안 여러 어린이 교육 콘텐츠를 개발하여 책으로 냈으며,
마더 구스 같은 170권이 넘는 어린이 책을 기획하고 글을 썼어요.

그린이 레베카 엘리엇, Q2 Media, 알리 로지
레베카 엘리엇은 영국의 켄트 주립 대학을 마치자마자
어릴 때부터 꿈꿔 왔던 화가가 되었어요.
지금은 영국과 미국의 이름난 아동 출판사에서
그림책이나 참고서에 그림을 그리고 있어요.
Q2 Media는 어린이들이 보는 참고서에 그림을 그리는 모임이지요.
알리 로지는 아동 출판사에서 그림책이나 참고서에 그림을 그리고 있어요.

옮긴이 김혜선
연세대학교 영문학과를 마친 뒤, 어린이 책을 만들고 있어요.
쓴 책으로는 《신발》《은혜 갚은 짐승들》《식물이 사라졌어》,
옮긴 책으로는 《애들은 애들이지》《날고, 걷고, 헤엄치고》
《비눗방울 편지》《개구리 한 마리》들이 있어요.
어린이들한테 소중한 꿈, 작은 생각 씨앗을 심어 주는 마음으로
책을 만들고 있어요.

꼬마 탐험가가 보는 지도책 04
동북·동남아시아

펠리시아 로 엮음 | 김혜선 옮김
초판 1쇄 발행 2009년 11월 16일

펴낸이 | 양원석
편집장 | 최주영
책임편집 | 김지은
디자인 | 바오밥 나무
마케팅 | 정도준, 김성룡, 백준, 나길훈, 임충진, 주상우
제작 | 허한무, 문태일, 김수진

펴낸곳 | 랜덤하우스코리아(주)
주소 | 서울시 강남구 삼성동 159번지 오크우드호텔 별관 B2(우 135-525)
내용 문의 | (02) 3466-8915
구입 문의 | (02) 3466-8955
등록번호 | 제2-3726호(2004년 1월 15일 등록)
홈페이지 주소 | www.jrrandom.co.kr

ISBN 978-89-255-3472-5 74980
ISBN 978-89-255-3462-6 (세트)

YOUNG ADVENTURER ATLAS : EAST ASIA & SOUTHEAST ASIA

Copyright ⓒ 2007 by Diverta Ltd
Korean Translation copyright ⓒ 2009 by Random House Korea, Inc.
All rights reserved.
Korean translation rights arranged with Diverta Ltd, London through EYA (Eric Yang Agency), Seoul.

값 10,000원

이 책의 한국어판 저작권은 EYA(Eric Yang Agency)를 통해 Diverta Ltd와 독점 계약한 랜덤하우스코리아(주)에 있습니다.
신 저작권법에 의해 한국 내에서 보호를 받는 저작물이므로 무단 전재와 무단 복제를 금합니다.

* 맞춤법과 띄어쓰기는 국립국어원의 기준에 따랐습니다.
* 잘못 만들어진 책은 구입하신 곳에서 교환해 드립니다.
* 주의 : 책 모서리가 날카로워 다칠 수 있으니 사람을 향해 던지거나 떨어뜨리지 마십시오.

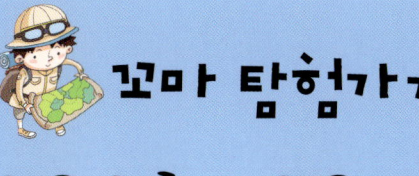

꼬마 탐험가가 보는 지도책 04
동북·동남아시아

펠리시아 로 엮음 | 김혜선 옮김

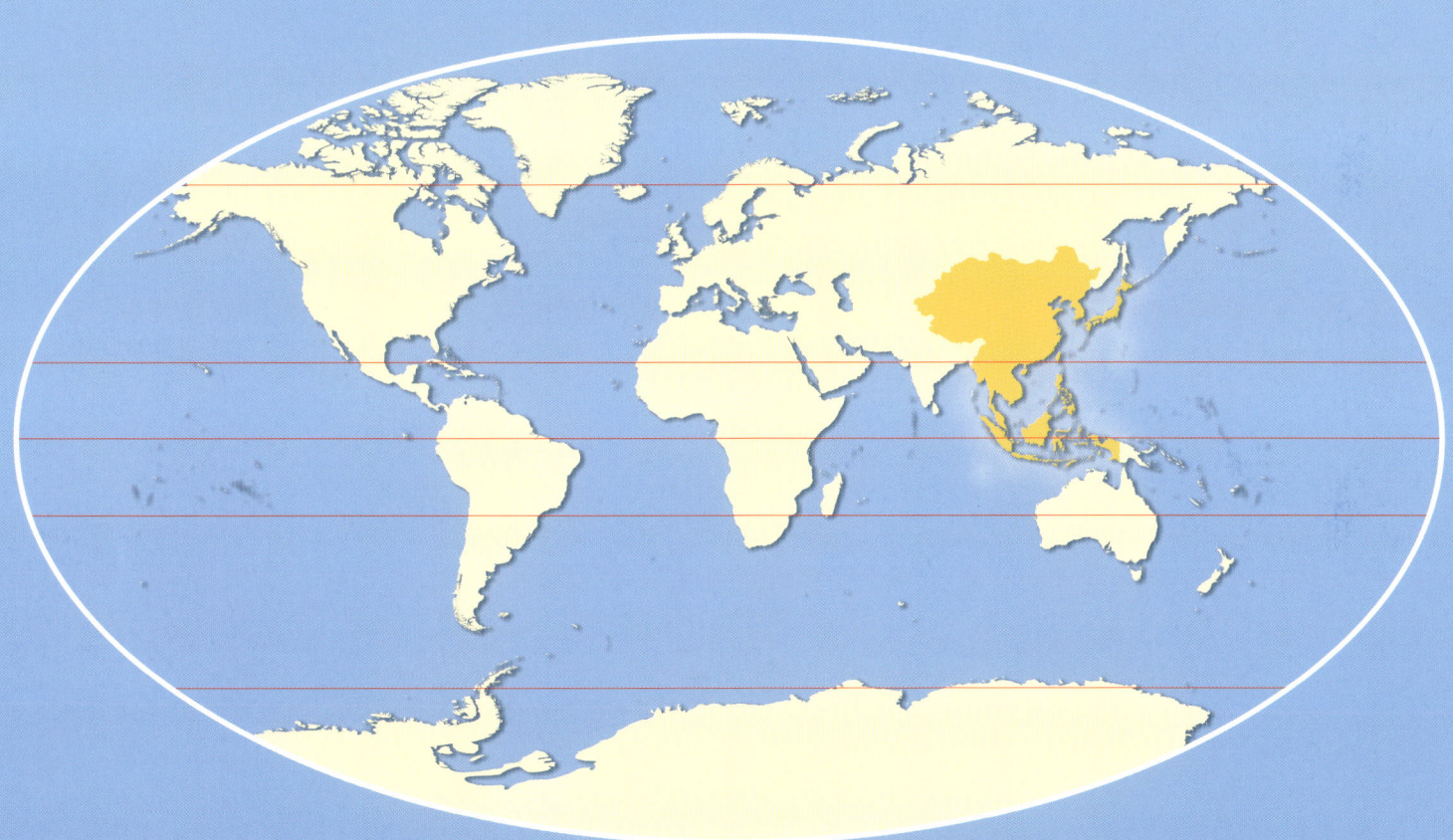

주니어랜덤

동북·동남아시아로 떠나 볼까?

차 례

동북·동남아시아에 온 것을 환영해요!	4-5
나라	6-7
지형	8-9
물길	10-11
기후	12-13
식물	14-15
동물	16-17
인구	18-19
민족과 풍습	20-21
가 볼 만한 곳	22-23
산업	24-25
교통	26-27
환태평양 화산대	28-29
용어 풀이와 찾아보기	30-31
한눈에 보기	32

동북·동남아시아에 온 것을 환영해요!

세계는 크게 일곱 개의 땅덩이로 이루어져 있어요.
유럽, 북아메리카, 남아메리카, 아시아, 아프리카,
오세아니아, 남극으로, 이를 '대륙'이라고 하지요.

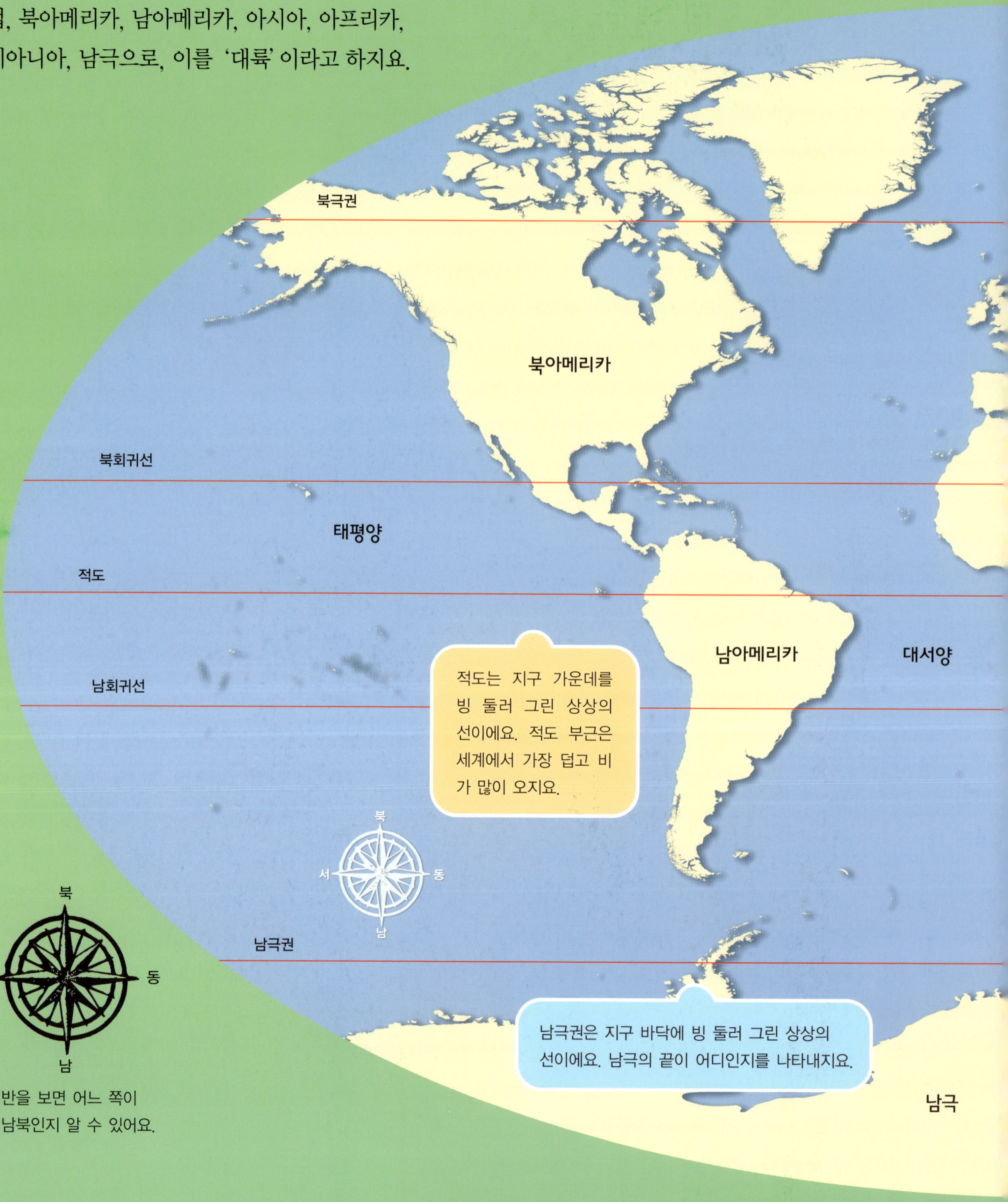

북극권

북아메리카

북회귀선

태평양

적도

남회귀선

남아메리카

대서양

적도는 지구 가운데를 빙 둘러 그린 상상의 선이에요. 적도 부근은 세계에서 가장 덥고 비가 많이 오지요.

북
서 동
남

남극권

남극권은 지구 바닥에 빙 둘러 그린 상상의 선이에요. 남극의 끝이 어디인지를 나타내지요.

남극

나침반을 보면 어느 쪽이 동서남북인지 알 수 있어요.

나라

동북·동남아시아에는 17여 개의 나라가 있어요. 이곳은 하나의 커다란 땅덩이로 이루어져 있어요.  동북아시아에는 중국과 몽골, 동쪽에는 대한민국이 있지요. 그 밖의 나라들은 대부분 많은 섬으로 이루어져 있어요. 일본은 네 개의 큰 섬과 3000여 개의 작은 섬으로 이루어져 있지요. 또 동남아시아는 5000킬로미터에 이르는 2만여 개의 섬이 아시아에서 오세아니아 사이에 사슬처럼 이어져 있어요. 이를테면, 필리핀에는 7000개가 넘는 섬이 있고, 인도네시아에는 1만 8000개가 넘는 섬이 흩어져 있지요.

한자

중국어는 지역마다 다르게 쓰이지만, 관화(만다린 어)를 많이 써요. 관화를 쓰는 사람들은 전 세계에서 영어를 쓰는 사람들을 다 더한 것보다 두 배나 많아요. 한자를 배우는 것은 어려워요. 영어는 알파벳 26자를 쓰지만, 한자는 3000에서 4000자나 되는 글자를 쓰니까요.

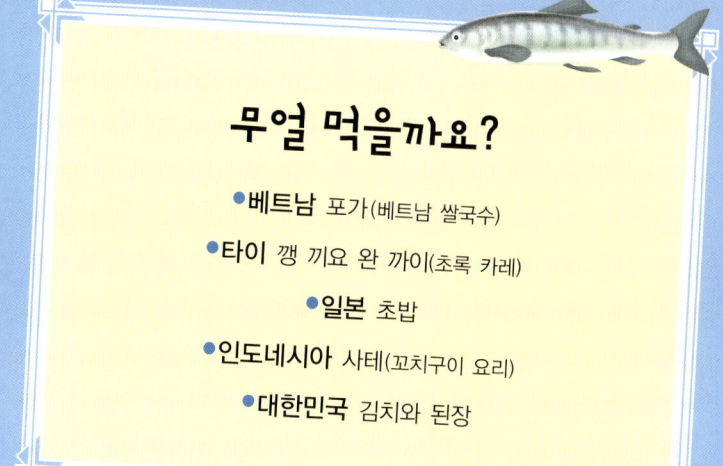

무얼 먹을까요?

- 베트남 포가(베트남 쌀국수)
- 타이 깽 끼요 완 까이(초록 카레)
- 일본 초밥
- 인도네시아 사테(꼬치구이 요리)
- 대한민국 김치와 된장

놀 거리

아시아 사람들은 음악이나 여러 놀거리를 즐겨요. 특히 가극이나 인형극에 나오는 옛날이야기를 좋아하지요. 악기로는 속이 빈 금속이나 나무 악기를 연주해요. 인도네시아의 가믈란이나 일본의 다이코처럼 말이지요.

일본의 전통 북인 다이코

한자

대한민국의 양주 별산대놀이

지형

아시아의 넓은 북부 지역은 땅이 안정되어 있지만, 가장자리는 끊임없이 움직이고 삐걱대는 대륙판 위에 놓여 있어요.
남서쪽으로는 얼음 돌산 같은 히말라야 산맥이 서서히 부서지고 있고, 동서쪽으로는 커다란 화산대가 끊임없이 땅을 흔들어 대지요.

환태평양 화산대

환태평양 화산대는 잦은 지진과 화산 폭발을 일으키는 띠 모양의 지역을 가리켜요. 태평양을 둘러싸고 있지요. 이 화산대는 말발굽처럼 생겼으며 4만 킬로미터나 되지요. 환태평양 화산대는 깊은 바닷속 해구와 섬들, 바다 아래 이어진 화산 산맥을 따라 이어져요. 세계의 지진 가운데 90퍼센트, 지구에서 일어나는 대규모 지진의 81퍼센트가 이곳 환태평양 화산대를 끼고 일어나지요.

초콜릿 언덕

초콜릿 언덕은 필리핀의 이름난 곳이에요. 그곳에는 30~50미터 높이로 고만고만한 언덕들이 1268개나 있어요. 언덕들은 잔디로 덮여 있는데, 여름이 지날 무렵이면 이름같이 초콜릿 빛깔로 바뀌지요.

환태평양 화산대를 따라 수천 개의 화산이 바다에서 솟아 있어요.

필리핀 보홀에 있는 신기한 초콜릿 언덕들

알고 있나요?

지금껏 일어난 화산 폭발 가운데 가장 대단했던 것은 크라카타우 화산이에요. 이 화산섬은 인도네시아의 자바 섬과 수마트라 섬 사이에 있어요. 크라카타우 섬은 계속해서 폭발을 일으켰는데, 1883년 8월의 폭발이 가장 널리 알려져 있어요. 그때 화산은 바위와 화산재, 부석을 25세제곱킬로미터 넘게 뿌려 댔어요. 그 폭발음은 오스트레일리아와 모리셔스의 섬들까지 들렸지요. 165개 마을과 도시가 파괴되었고, 132개 마을은 쑥대밭이 되었으며, 수천만 명의 사람이 목숨을 잃었어요. 그때의 화산 폭발로 섬의 3분의 2가 파괴되었는데, 1927년에 폭발이 또 한차례 있었어요.

필리핀 이푸가오에 있는 계단식 논

사람 힘으로 만들어진 **계단식 논**이에요. 널따란 초록빛 계단이 하늘로 뻗어 있는 것 같지요.

고비 사막은 몽골과 중국 북부 지역을 가로질러 뻗어 있어요. 모래와 바위로 된 평지와 메마른 초원으로 덮여 있지요. 고비 사막은 여름에는 덥고 겨울에는 몹시 추워요.

고비 사막을 지나고 있어요.

일본에서는 지진이 자주 일어나요. 큰 지진이 1년에 100번도 넘게 일어나지요. 지진으로 커다란 틈과 골짜기들이 생기고, 땅 모양이 기울어지거나 바뀌어요.

에베레스트 산

세계에서 가장 높은 **히말라야 산맥**은 인도와 중국 사이에 있어요. 이곳에는 세계에서 여섯 번째 안에 드는 높은 산이 다섯 개나 있어요. 세계에서 가장 높은 8848미터 높이의 에베레스트 산도 여기에 있지요.

티베트 고원은 세계에서 가장 높은 곳에 있는 가장 넓은 고원이에요. 높이 솟은 히말라야 산맥이 그림자를 드리워 거의 일 년 내내 얼어붙어 있지요.

야크가 티베트 고원의 풀을 뜯고 있어요.

중국에는 높고 험한 산들이 있어요. 가파른 석회석 산봉우리가 땅에서 거의 수직으로 솟아 있지요.

부호

- 산맥
- 사막
- 고지대
- 열대 우림
- 고원
- 화산
- 평원

세계에서 가장 높은 곳에 있는 가장 넓은 고원은 무엇인가요?

9

물길

대한민국과 중국, 여러 나라가 있는 커다란 대륙에는 큰 강들이 가로지르며 흘러요. 이 대륙은 서해, 동해, 남중국해, 태평양, 대서양 같은 바다가 둘러싸고 있지요. 무엇보다 중요한 물길은 동남부에 흩어진 크고 작은 수천 개 섬들 사이의 좁은 해협들이지요.

거슬러 올라가는 강물

동남아시아에서 가장 큰 민물 호수는 캄보디아에 있는 톤레사프 호예요. 호수 물은 메콩 강으로 흘러 들어가지만, 강물이 가득 차면 거슬러 올라가 다시 호수를 채우게 돼요. 강기슭에 사는 사람들한테 이 호수의 물고기는 중요한 먹을거리예요.

빙하가 녹아요

중국의 티베트 고원을 뒤덮은 빙하는 지구 온난화로 해마다 7퍼센트씩 줄어들고 있어요. 머지않아 지구 온난화는 커다란 재난으로 이어질 거예요. 티베트 고원의 빙하가 녹으면, 산 아래 강들이 수십 년 동안 엄청나게 불어났다가 말라버릴지도 몰라요.

현대판 해적

해적선 깃발이 휘날리던 때로부터 지금까지 해적질은 오랫동안 이어져 왔어요. 요즘 해적들은 쾌속선과 총, 휴대 전화 따위를 갖추고 있지요. 남중국해는 세계에서 가장 활발한 교역로 가운데 하나예요. 하지만 해적들 때문에 가장 위험한 곳이기도 하지요. 해적들은 이 바다에서 해마다 150건쯤에 이르는 습격을 해요.

싼샤 댐(삼협댐)

양쯔 강을 가로지르는 높이 185미터, 길이 2309미터, 너비 135미터의 싼샤 댐은 세계에서 가장 큰 댐이에요. 해마다 많은 목숨을 앗아 가는 잦은 홍수를 막으려고 만든 것이지요. 댐은 물의 힘으로 26대의 터빈 발전기를 돌려 전기를 만들어 내요. 하지만 365개 마을과 1600여 공장, 광산이 있는 넓은 지역이 물에 잠겨 사라지게 되었어요. 또 서해로 흘러갈 양쯔 강 물이 10퍼센트 쯤 줄어들어 바닷물의 온도와 소금기 농도가 높아져 물고기가 살기 힘들어질 거예요.

싼샤 댐(삼협댐)

지금도 해적들이 지나는 배들을 공격하는 곳은 어느 바다인가요?

황허 강은 중국에서 두 번째로 긴 강이에요. 누런 모래 흙빛을 띠어서 '누렇다'는 뜻의 '황'이라는 말이 들어간 것이지요. 황허는 대한민국의 서해로 흘러 들어가요.

중국의 **양쯔 강**은 세계에서 세 번째로 긴 강이에요. 깎아지른 듯한 협곡을 지나 바다로 흘러 들어가요. 상하이 가까이에 있는 강 하구는 강폭이 넓어 배들로 붐비지요.

양쯔 강이 중국의 상하이를 지나가요.

중국

일본 해구

동해

황허 강

서해

천지연 폭포

티베트 고원

양쯔 강

싼샤 댐

일본 해구의 깊이는 1만 미터가 넘어요. 바다 전체에서 세 번째로 깊은 곳이에요.

이라와디 강

메콩 강

홍하 강

주장 강

미얀마

베트남

홍하 강 삼각주

피나투보 화산 분화구

태평양

동아시아에는 네 곳의 넓은 **삼각주**가 있어요. 타이의 차오프라야 강, 중국의 홍하 강, 베트남의 메콩 강, 미얀마의 이라와디 강 언저리예요. 삼각주는 바다 가까이 판판한 넓은 땅을 강이 가로질러 흐르면서 만들어져요.

이라와디 강 삼각주

타이

톤레사프 호

차오프라야 강 삼각주

메콩 강 삼각주

남중국해

필리핀 루손 섬에 있는 **피나투보 화산의 분화구**는 호수로 채워져 있어요.

부호

🏔 빙하
🔵 호수
〰️ 강
🌊 높은 파도
🟫 폭포
🥘 화산호

인도양

반다 해

대한민국 제주도에 있는 **천지연 폭포**는 화산이 폭발할 때 만들어진 안산암으로 이루어져 있어요.

대한민국 제주도에 있는 천지연 폭포

기후

중국은 아주 큰 나라여서 온갖 기후가 다 나타나요. 티베트 고원은 기나긴 세월 동안 얼어붙어 있지만, 고비 사막은 타는 듯한 뜨거운 모래땅이에요. 중국의 나머지 지역은 겨울이면 춥고 건조하며, 여름이면 덥고 비가 많이 내려요.

동북아시아는 대부분 계절풍 기후에 영향을 받아요. 계절풍은 계절에 따라 주기적으로 바뀌는 바람을 가리켜요. 동남아시아는 적도에 걸쳐 있어서 늘 더운 데다가, 비가 많이 내려 습도도 높지요.

더위와 추위

중국에 신장 지역에는 '우리는 아침에는 가죽 외투를 입고, 낮에는 얇은 비단옷을 입어요. 불을 쬐면서 수박도 먹는다.'라는 말이 있어요. 이곳 날씨가 얼마나 변덕스러운지 알 수 있지요. 양쯔 강을 끼고 있는 도시인 충칭, 우한, 난징은 여름철 '3대 찜통'으로 이름나 있어요.

엘니뇨

엘니뇨는 2년에서 7년을 주기로 세계 남부 지역을 뒤엎는 이상 기후를 가리켜요. 과학자들에 따르면 엘니뇨는 인도네시아 해안 밖의 태평양이 이상하게 더워지는 데서 시작된다고 해요. 높은 온도의 해류와 바람을 일으켜, 태풍이나 가뭄, 열대성 폭우와 홍수같이 갑작스런 날씨 변화를 가져오지요.

태풍이 아시아를 지나는 모습이 담긴 인공위성 사진

계절풍(몬순)

계절풍으로 흔히 계절풍 철이라고 하는 두 계절이 나타나지요. 계절풍 철은 서서히 동북아시아 전체를 지나가요. 동쪽에서 서쪽으로 움직여서, 곳마다 다른 때에 계절풍 기후가 나타나요. 계절풍은 돌풍, 폭우, 열대성 폭우, 태풍 따위를 몰고 와요.

계절풍 철에 부는 거센 바람

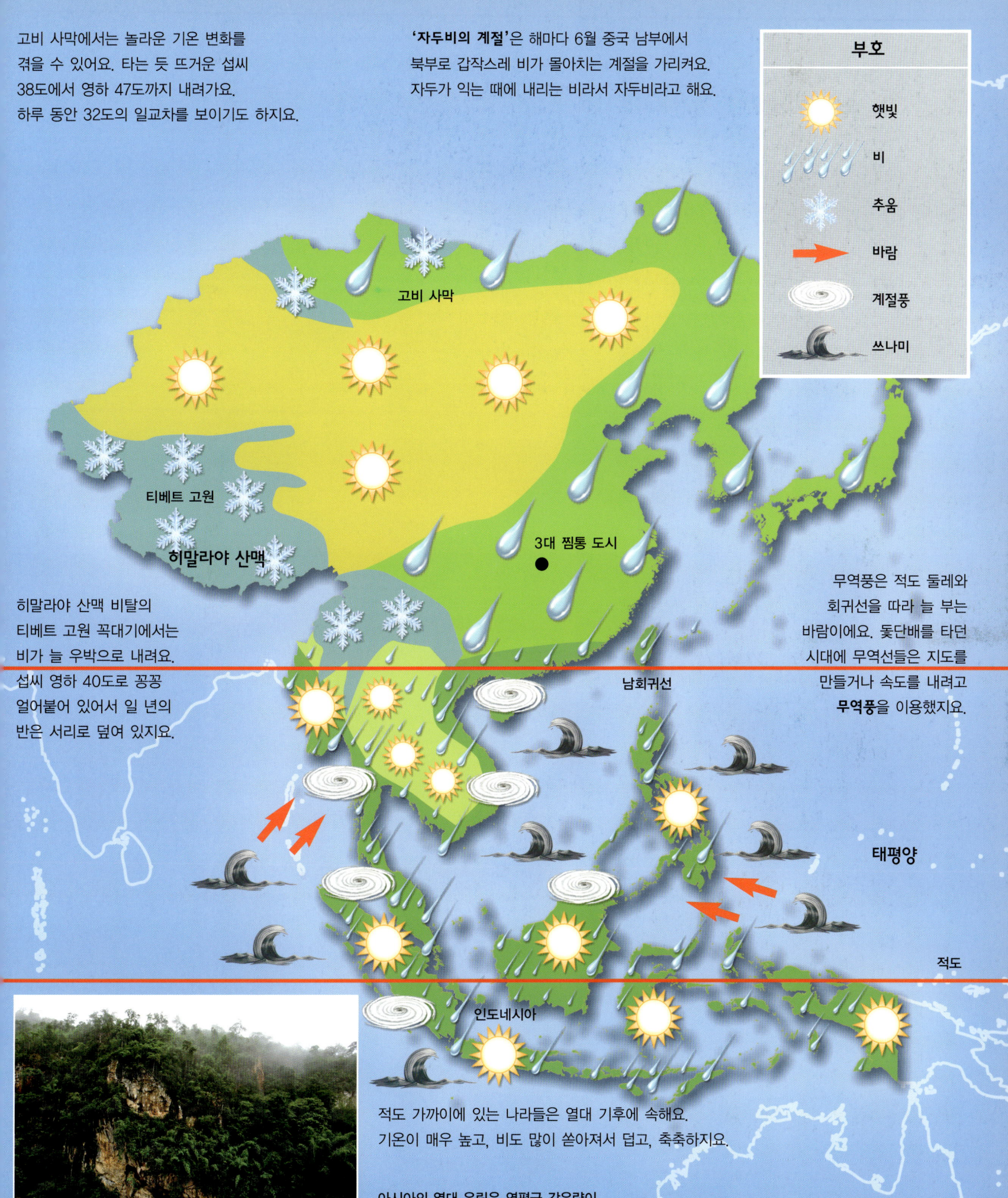

식물

아시아 북부는 나무와 꽃을 보기 힘든 건조한 초원이지만, 남쪽으로 갈수록 숲이 많이 나타나요. 히말라야의 산기슭은 늘 푸른 숲으로 덮여 있으며, 적도 가까이 덥고 습한 곳은 독특하고 화려한 꽃들로 가득한 열대 우림을 이루지요. 이곳의 나무들은 건축 자재나 가구, 신문 용지로 쓰여요. 코코넛이나 고무처럼 우리 삶에 필요한 것들을 얻기도 하지요.

벌레잡이 식물

벌레잡이 식물은 벌레들을 유인해서 잎에 빠뜨려요. 잎이 둥근 주머니같이 생겼지요. 주머니 속에는 단물이 담겨 있어서 벌레가 단물을 빨아 먹으려고 들어왔다가, 벌레잡이 식물의 잔털에 붙들려 단물에 미끄러져 잡혀요.

벌레잡이 식물

무너져 가는 열대 우림

동남아시아의 열대 우림은 7000만 년이나 된, 지구에서 가장 오래된 열대 우림이에요. 하지만 신기한 동식물이 가득한 이 멋진 밀림은 10년을 채 못 넘길 거예요. 열대 우림의 생태계가 무너져 가고 있거든요. 인도네시아 열대 우림의 수많은 동식물이 이미 멸종 위기에 처해 있다고 해요. 법을 어기고 나무를 베는 사람들 때문이지요.

독특한 식물

라플레시아는 세계에서 가장 큰 꽃이에요. 이 꽃에서는 썩은 고기 냄새가 나는데, 이 냄새를 맡고 온 파리와 장수풍뎅이가 꽃가루를 퍼뜨려 주지요.

라플레시아

석곡은 싱가포르의 국화예요. 석곡은 대한민국, 일본, 중국에서 볼 수 있어요.

벚꽃은 일본 사람들이 가장 좋아하는 꽃이에요.

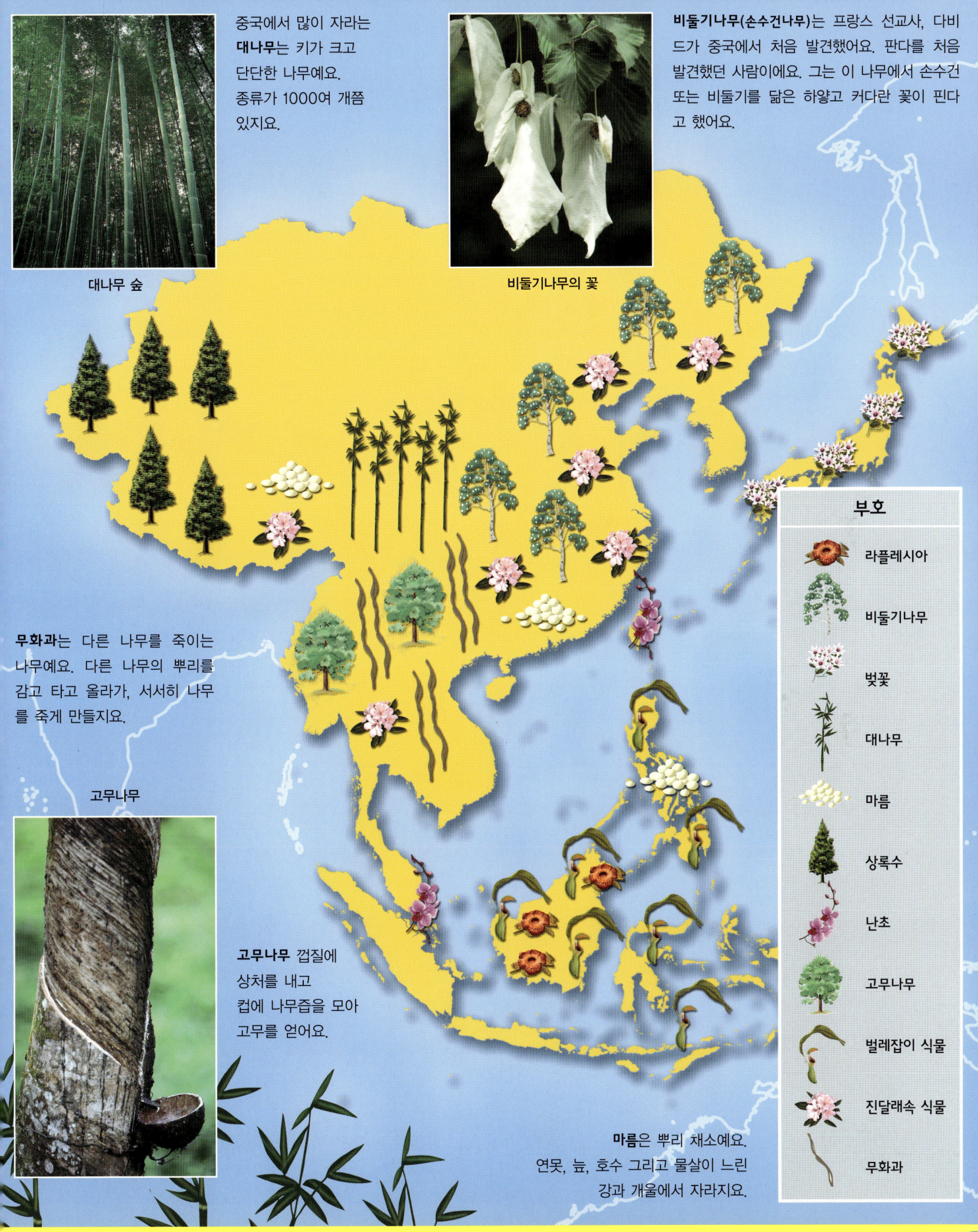

동물

동남아시아 북부는 대부분 춥고 바람이 많은 초원이에요. 이곳에서는 가축들이 마음껏 뛰어놀지요. 중국 남부에는 큰 강 옆으로 숲이 우거져, 원숭이나 대왕판다 같은 밀림 동물들이 살아요.
높고 추운 동부의 티베트 고원은 동물이 살기 어려워요. 따뜻한 털을 지닌 억센 동물들만 살고 있지요.
기온이 높은 적도 가까이의 열대 우림에는 화려한 빛깔을 뽐내는 새들과 신기한 도마뱀, 원숭이들이 많아요. 무서운 독사와 힘센 독수리, 악어도 있지요.

숲에 사는 사람, 오랑우탄

온순한 오랑우탄은 가장 큰 유인원에 들어가요. 대부분 인도네시아의 보르네오 섬과 수마트라 섬에 살지요. 오랑우탄은 밤이 되면 나무 위 높은 곳에 나뭇가지 침대를 만들고, 잠을 자요. 어미는 새끼를 한 마리만 낳으며, 늘 품에 안고 이 나무 저 나무로 옮겨 다녀요.

오랑우탄이란 말은 '숲에 사는 사람'이란 뜻이에요.

멸종 위기의 동물들

동남아시아에 사는 수백 종의 동물이 멸종 위기에 놓여 있어요. 뿔이 두 개인 수마트라코뿔소는 겨우 300~500마리만이 수마트라 섬과 보르네오 섬의 작은 숲 속에 남아 있어요. 자바코뿔소는 이미 멸종되었고 수마트라호랑이와 자바호랑이도 곧 멸종될 거예요.

되살아난 말!

몽골의 상징은 프셰발스키말이에요. 세상에서 하나뿐인 야생말로, 몽고 사람들은 타크라고 하지요. 야생에서는 멸종하여 동물원에서만 볼 수 있었지만, 30년 동안 애쓴 덕분에 고향으로 돌아오게 되었어요. 지금은 야생 숲과 후스타이 국립 공원의 대초원을 자유롭게 달리고 있지요.

누구나 좋아하는 판다

아시아에서 가장 널리 알려진 멸종 위기의 동물은 바로 판다예요. 판다는 선선하고 습한 숲 여섯 곳에서만 살고 있어요. 대부분 중국 남부에 있는 작은 숲이지요.
판다는 스무 종류의 대나무를 즐겨 먹으며, 하루에 거의 20~40킬로그램이나 먹지요. 대나무의 영양가가 낮아서 하루에 열여섯 시간을 먹는 데 보내는 거예요. 지금은 700~1000마리쯤의 대왕판다가 살고 있지만, 서식지가 넓어지지 않는 한 판다는 여전히 멸종 위기에 놓일 거예요.

대왕판다는 거의 대나무만 먹어요.

쌍봉낙타는 혹이 두 개로, 아시아의 추운 산과 고지대 사막에서 볼 수 있어요. 쌍봉낙타의 혹은 물이 아닌 지방으로 채워져 있지요.

프셰발스키말은 혹독한 겨울을 견뎌 내지요. 어린 말을 늑대들로부터 보호하고 새끼도 낳아요.

마눌고양이는 집고양이만 한 야생 고양이예요. 대초원이나 사막 또는 로키 산맥에 살아요. 털이 두꺼워 추위를 잘 견디지요. 동굴에서 살면서 작은 포유동물을 잡아먹어요.

눈표범은 고산 지대에 살아요. 털이 길고 북슬북슬해서 매서운 추위도 잘 견뎌요.

날도마뱀은 다리를 쭉 펼쳐 날개를 만들어, 나무 사이를 잘 날 수 있어요. 꼬리로 중심을 잡고 50미터쯤 달릴 수도 있지요.

돌고래는 얕은 연안에서 물고기를 잡아먹는 작은 고래예요.

물소는 사람 일을 도우며, 사람한테 고기와 젖을 주는 귀한 동물이에요. 쟁기를 끌어 논을 갈아 일구지요.

아시아코끼리는 아프리카코끼리보다 작아요.

코모도왕도마뱀은 도마뱀이지만, 사슴, 멧돼지, 새 들을 습격하여 사냥하기도 해요. 세계에서 가장 큰 도마뱀으로 3미터까지 자라며, 사람처럼 일어설 수도 있어요.

코모도왕도마뱀은 어떤 동물인가요? **17**

인구

세계 인구의 20퍼센트가 중국에 살아요. 또한, 동남아시아는 인구가 매우 빠르게 늘고 있어요. 특히 중국, 인도, 인도네시아의 인구가 빠르게 늘고 있어요. 아시아에 세계 인구의 60퍼센트가 살고 있어요.

아이를 더 낳아 주세요!

나라마다 인구가 지나치게 더디거나 갑자기 늘어날 때 인구 정책을 펴요. 그런데 싱가포르의 인구 정책은 큰 문제를 가져왔어요. 땅에 견주어 인구가 많아서 '둘만 낳아 잘 기르자!'는 운동을 펼쳤지만, 이제는 사람들이 하나만 낳고 있어서예요. 더 나아가 공부를 많이 한 고학력자들은 아이를 아예 안 낳기도 해요. 요즘 인구 정책은 '셋이나 더 많이, 형편되는 대로 낳자!'로 바뀌고 있어요.

세계에서 가장 인구가 많은 곳

중국은 세계에서 가장 많은 사람이 살고 있는 나라예요. 최근에 인구가 더 많이 늘어났지요. 중국 인구 13억 명 가운데 4분의 1이 열네 살 아래예요. 2006년 기준으로 중국의 수도 베이징에는 1522만 명쯤이 살고 있고, 가장 큰 도시인 상하이에는 1810만 명쯤이 살고 있어요. 700만 명이 사는 홍콩은 세 번째로 큰 도시지요.

한 자녀 낳기

중국의 어떤 도시와 시골에서는 인구가 늘어나는 것을 막으려고 한 자녀만 낳게 법을 정해 놓았어요.

중국 어린이

동북·동남아시아의 이름난 도시

도쿄는 일본의 수도로 정치·경제의 중심일 뿐만 아니라 세계적인 경제·문화의 중심지여서 많은 사람으로 붐비지요.

도쿄의 혼잡한 출근 시간

필리핀의 수도 **마닐라**는 파시그 강이 흐르는 평야와 마닐라 만을 낀 땅에 자리 잡고 있어요. 파시그 강이 수백 년을 흐르면서 이곳에 고운 흙이 쌓이고 쌓여 기름진 땅이 되었지요. 맨 처음 스페인의 성벽 도시로 인트라무로스라고도 했던 이곳은, 동남아시아에서 가장 오래된 성벽 도시 가운데 하나예요.

마닐라에 있는 인트라무로스 옛 성벽

한때 고요한 어촌이었던 **상하이**는 중국에서 가장 빠르게 발달한 현대 도시가 되었어요. 높다란 건물과 아름다운 건축물이 눈에 띄지요.

상하이에는 세계에서 손꼽히는 높은 건물들이 많이 있어요.

민족과 풍습

아시아 사람들은 빠르게 바뀌는 세상에 살고 있어요. 과거 공산 국가에 살았던 사람들은 자유롭게 여행하지 못했어요. 여행할 돈을 가진 사람도 드물었지요.
또, 어떤 민족은 오랜 전통을 따르며 시골에서만 살려고 했어요.
이제 도시가 커지고 현대 산업과 기술이 발달하자, 여행을 할 기회도 늘고, 텔레비전 같은 매체를 통해 세계 구석구석에 대해 알 수도 있지요.

이푸가오 족

이푸가오 족은 필리핀 루손 섬의 산에서 살아요. 다른 사람들과 떨어진 외딴곳에서 땅을 일구며 고유한 방식으로 살아가고 있지요. 고유의 이푸가오 언어를 쓰며, 못이나 쇳조각 없이 집을 짓는 것으로 이름나 있어요.

이푸가오 족 사람이 새 깃털로 꾸며진 머리 장식을 하고 있어요.

불교 신도들

불교는 세계에 널리 알려진 종교로, 많은 아시아 사람들이 믿고 있어요. 승려들은 수수한 법복을 입고, 부처의 가르침을 따르는 검소한 삶을 살아요. 어떤 나라에서는 석가탄신일이 되면 승려들은 부처 사리를 들고 행렬을 벌이지요.

승려들의 행렬

연날리기

일본의 5월 5일에는 남자 아이들이 건강하게 자라기를 기원하는 전통 잔치가 열려요. 집집마다 종이나 천으로 잉어 모양의 연을 만들어 깃발을 세우거나 날려요.

하늘거리는 잉어 모양의 연

못이나 쇳조각 없이 집을 짓는 부족은 무엇인가요?

무술

무술은 주먹질, 발길질같이 무도에 쓰이는 기술들을 가리켜요. 오늘날 사람들은 무술을 스포츠로 여기며 연구하고 즐기지요. 무술을 통해 격투기와 호신술, 명상 수련 따위를 익힐 수 있고, 건강과 자신감을 얻을 수 있어요. 옛 동북아시아 무술에는 다른 나라에서 받아들인 고대 격투 기술이 군데군데 배어 있어요. 태권도는 우리나라 고유의 전통 무예를 바탕으로 한 운동이에요. 차기, 지르기, 막기 따위의 기술을 쓰지요.

거리에서 저녁 식사를!

홍콩, 일본, 대한민국 들의 길거리 음식은 그 나라의 새로운 음식 문화로 자리잡고 있어요. 어떤 나라에서는 간식이 아닌 한 끼의 식사로 먹기도 하지요.

태권도 선수들

요리사가 포장마차에서 음식을 만들고 있어요.

왕실 유람선

'수바나홍사'라고 하는 백조 모양의 배는 300여 년간 타이 왕가에서 탄 유람선이에요. 나라 행사가 있을 때면 이 유람선에 높이 30미터가 넘는 왕의 옥좌, 누각을 얹고, 왕실의 관리 모두가 타지요. 수바나홍사는 티크 나무 한 그루를 통째로 써서 만드는데, 그 어떤 왕실의 유람선보다 기품이 있지요.

타이의 수바나홍사

가 볼 만한 곳

아시아는 훌륭한 전통을 잘 간직한 곳으로, 둘러볼 곳이 무척 많아요. 아시아 사람들도 아시아를 가장 많이 찾지요. 지난 오랫동안 중국 사람들은 해외여행을 마음대로 할 수 없었지만, 지금은 자유로워져서 어디를 가도 중국 여행객들을 많이 볼 수 있어요.

홍콩은 한자로 '향기로운 항구'라는 뜻이에요. 홍콩은 이름난 스타페리와 수많은 거룻배, 황홀한 야경으로도 알려져 있지요.

타이의 수도 방콕에서 가까운 **담넌 사두억 수상 시장**은 매우 독특한 장터예요. 조그마한 보트를 타고 물건을 사고팔거든요.

해마다 일본 **삿포로**에서는 얼음 조각 잔치가 벌어져요. 조각은 마치 유리로 만들어진 것 같아요. 잔치가 끝나면 모두 녹아 버리지요.

중국 사람들은 활기차고 화려한 거리 행진으로 새해 첫날을 기뻐해요.

필리핀 사람들은 우기 때 홍수 피해를 막으려고, 기둥 위 높은 곳에 집을 지어요. 또 비가 많이 올 때 비가 잘 흘러내리라고, 지붕 기울기를 가파르게 하지요.

아시아에는 수천 개의 화려한 불교 문화유산이 있어요. 그 가운데 하나인 미얀마의 **쉐다곤 파고다**는 전체가 금으로 덮여 있는 탑으로 코끼리, 사자, 뱀, 용무늬 들로 불교 장식이 되어 있지요.

중국 **만리장성**은 사막과 초원, 산, 평원을 따라 동서로 이어져 있어요. 놀랍게도 6700킬로미터에 이르는 거리를 2000년 동안 그대로 지키고 있지요.

후지 산은 일본에서 가장 높은 화산이에요. 도쿄 가까이에 있지요. 후지 산은 마을보다 4000미터나 높이 솟아 있어서, 성스러운 산으로 여겨져요. 300년 전에 화산이 마지막으로 폭발했지요.

산업

중국의 제조업과 광업, 건설업은 세계에서 가장 빠르게 성장하고 있어요. 중국에는 철광석, 주석, 납과 같은 광물 자원뿐만 아니라 아주 많은 노동력이 있어요. 세계 어느 나라보다도 값싼 비용으로 물건을 만들어 낼 수 있다는 것이 이 나라가 빠르게 성장할 수 있는 밑거름인 셈이지요. 또 대한민국을 비롯한 타이완, 홍콩, 싱가포르를 '아시아의 네 마리 용'으로 일컬어요. 모두 빠르게 성장하는 신흥 공업 국가였다가 지금은 선진국이 되었지요.

벼농사

쌀은 우리 지구에서 가장 중요한 농작물이에요. 아시아에서는 벼농사를 지으며, 쌀을 주식으로 먹지요. 벼는 물이 채워진 논에서 길러요. 논에서 잘 자라 낱알이 여물면 벼를 거두어요.

논에 모를 심고 있어요.

티크 공예

티크와 자단 같은 단단한 나무들은 조각 공예에 알맞아요. 미얀마와 타이에서는 아름답게 조각된 탄탄한 가구를 만들어 내지요.

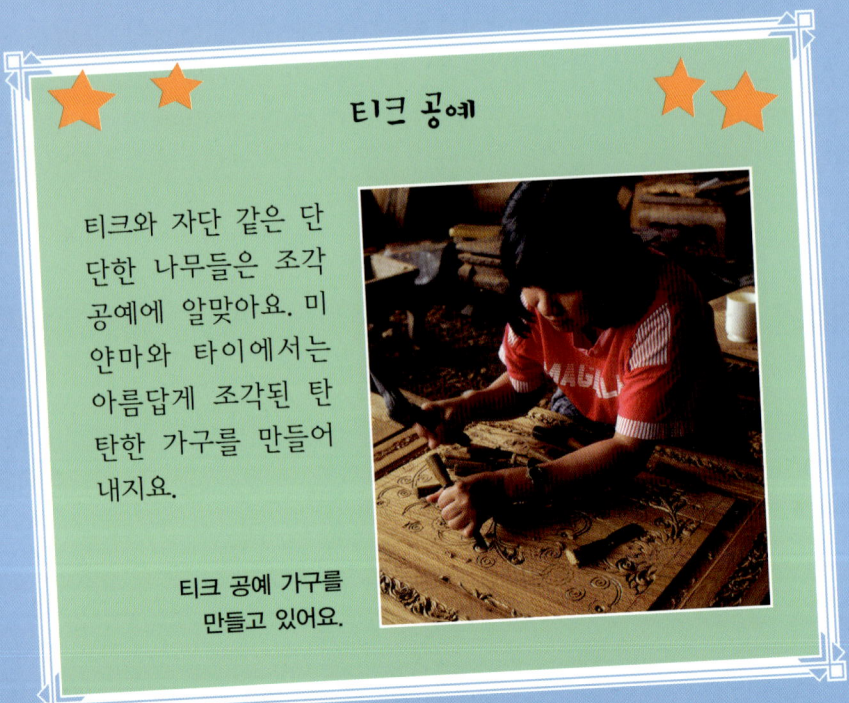

티크 공예 가구를 만들고 있어요.

어업

아시아 가까이의 열대 바다에는 물고기가 많아요. 타이완과 일본 가까이의 바다에서는 큰 물고기인 참치가 많이 잡혀요. 참치는 중요한 먹을거리예요. 인도네시아 둘레 바다에는 상어가 많은데, 상어는 싱가포르와 홍콩, 중국에서 상어지느러미 요리에 많이 쓰이지요. 일부 해안에서는 고래도 잡혀요. 고래잡이를 시작한 지 100년쯤 되었어요. 일본에서는 커다란 고래잡이배 무리가 고래를 마구 잡아서 몇 종의 고래가 멸종되기도 했어요. 뒤늦게나마 일본은 고래잡이를 줄이기로 협정을 맺었지만, 지금도 많은 양의 고래 고기가 식당과 가게에서 팔리고 있어요.

'아시아의 네 마리 용'이라고 불리는 나라를 말해 보세요.

작은 섬나라인 **일본**은 세계에서 둘째가는 경제 부국이며 무역 강대국이에요. 자동차 생산국으로도 이름 높지요. 혼다, 도요타, 스즈키, 마쓰다 같은 회사들이 이름나 있어요.

일본의 한 공장에서 로봇이 자동차를 조립하고 있어요.

베트남에서 만들어진 옷들이 전 세계로 팔려 나가요.

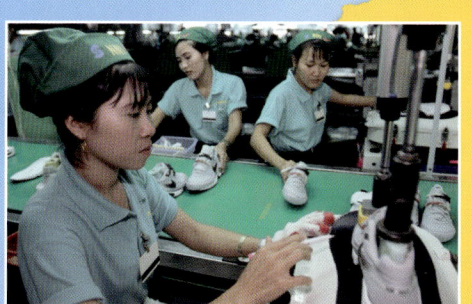

옷 공장의 노동자들

작은 나라 **대한민국**은 정보 통신 같은 첨단 산업과 배를 만드는 조선업이 주로 발달했어요. 주요 공업 지역은 원료를 수입하고 제품을 수출하기 쉬운 바닷가에 모여 있지요.

해마다 수백만 명의 관광객이 열대 기후와 아름다운 섬들, 온갖 야생 동물이 있는 **동남아시아**를 찾아요. 관광객들은 아름다운 바닷가에서 쉬면서, 배를 타고 섬들을 둘러보지요. 또 산호초와 오래된 왕궁이나 사원을 구경하기도 해요.

작은 나라인 **브루나이**는 석유와 천연가스가 풍부해요.

라오스는 산이 많고 비가 많이 와서, 수력 발전이 발달해 있어요. 수력 발전으로 얻어진 전력 대부분을 타이로 수출하지요. 가장 큰 수력 발전소는 남음 강에 있는 남음 댐이에요.

부호							
	관광지	견과류	고무	석유	공장	석탄	금속
	논농사	물고기	목재	배	컴퓨터와 전자제품	비단	천연가스	코코넛

25

교통

아시아에는 옛날처럼 코끼리를 타고 느릿느릿 돌아다니기도 하고, 카누를 타고 강을 따라 이동하기도 해요. 또는 고속 열차처럼 땅 위에서 가장 빠른 교통수단을 이용하기도 하지요. 이처럼 아시아에서는 전통과 현대의 교통수단을 모두 경험해 볼 수 있어요.

고속 열차

일본의 신칸센 열차가 도쿄와 주요 도시를 잇는 고속 철로 위를 달려요. 1964년부터 달리기 시작한 신칸센은 세계 최초의 고속 열차예요. 총알 열차 신칸센은 한 시간에 300킬로미터가 넘는 속도를 내지요.

달리고 있는 신칸센

섬에서 섬으로

지금도 인도네시아와 필리핀의 섬들 사이에는 전통 나룻배가 오가며 물건을 실어 날라요. 보통 배는 '페라후', 돛이 7~8개인 배는 '피니시'라고 해요. 돛대가 큰 이 배들은 대부분 엔진을 달고 있으며, 관광객들이 앉는 편안한 자리가 있지요.

지프니

필리핀의 수도 마닐라에 미군이 머무르던 때가 있었어요. 미군의 낡은 군용 지프는 어쩌다가 한 번씩 마닐라 사람들한테 팔려서 버스로 쓰였어요. 이것을 지프니라고 해요. 밝게 빛깔을 입혀 번쩍번쩍 빛나는 지프니를 타고, 사람들은 도시 어디든 싼값으로 갈 수 있어요. 모습이 달라지는 지프니를 보면 필리핀 사람들의 미술 감각 흐름도 알 수 있지요.

돛이 큰 페라후들이 인도네시아 자카르타의 오래된 항구에 머무르고 있어요.

알록달록한 지프니

이 섬에서 저 섬으로

동남아시아의 섬들을 알차게 여행하려면 비행기를 타는 게 빨라요. 섬 관광에 알맞은 2인승이나 4인승 경비행기도 있지요. 공항도 많은데, 필리핀에는 90여 곳이, 인도네시아에는 60여 곳이 넘어요.

작은 전세 비행기가 섬들 사이를 오가지요.

코끼리 사파리

타이의 밀림은 코끼리의 등에 타고 모험해 볼 수 있어요. 관광객들은 잘 보존된 국립공원의 숲과 야생 세계를 즐기며 느릿느릿 열대 우림을 지나가요. 열대 우림에서는 안개 자욱한 산언저리에서 메아리치는 개구리와 새, 긴팔원숭이 소리를 들을 수 있지요.

빽빽한 밀림을 지나려면 코끼리를 타야 해요.

컨테이너 항구

물건들은 배에 실려 전 세계로 옮겨져요. 물건 대부분은 커다란 금속 컨테이너에 넣어 특수하게 만들어진 화물선 위로 옮겨져요. 싱가포르 항은 세계에서 가장 바쁜 항구예요. 옮겨지는 물건의 양이 엄청 많지요. 수천 척의 배가 항구에 머무르고 있으며, 세계 123개의 나라에 있는 600여 항구와 이어져요.

컨테이너를 가득 싣고 항해하는 배

티베트 고원을 지나는 칭짱 철도

칭짱 철도는 세계에서 가장 높은 곳에 있는 철로예요. 세계에서 가장 높은 철도 터널이 눈 덮인 산꼭대기 바로 밑을 지나가지요. 칭짱 철도는 중국 본토와 티베트를 잇는 첫 번째 철도예요. 칭하이 성의 시닝에서 티베트 수도인 라싸를 잇지요. 첫 구간은 2006년 두 량의 객차가 출발하면서 시작되었어요.

환태평양 화산대

환태평양 화산대는 동남아시아 섬들에서 태평양을 지나 남아메리카의 동부 바닷가에 이르기까지 수천 킬로미터를 뻗어 있는 화산섬들의 사슬을 가리켜요. 이곳의 꽤 많은 섬에서 지금도 화산 활동을 계속하고 있는 활화산을 볼 수 있어요. 이 활화산들은 규칙적이면서도 때로는 사나운 폭발을 일으키지요. 더불어 지진도 가끔 일어나요.

환태평양 화산대

까만 돛을 단 부기스가 인도네시아 술라웨시 섬의 항구를 떠나요. 부기스는 해상 무역을 하던 섬 주민들이 타던 굽은 모양의 전통 나무배지요. 지금은 기대에 부푼 여행객들을 태우고 바다를 둘러보는 데 쓰여요. 여행객들이 갑판 위에서 반다 해를 바라보면, 선장이 두 눈을 크게 뜨고 돌고래를 보라고 소리쳐요. 배가 반다 섬 가까이 다다르면 돌고래들이 배 둘레에서 공중제비 넘는 모습을 지켜볼 수 있지요.

배는 곧 반다 항으로 가요. 그곳에 육두구 시장이 있어요. 여행객들은 과일 냄새가 나는 육두구 향신료를 잔뜩 사서 집에 가져 갈 거예요.

뱃머리는 이제 아루 섬으로 향해요. 섬에서는 잠수부들이 산호초를 헤치며 진주를 찾아요. 5만 개의 홍합 조개 가운데 오직 하나만이 귀한 진주를 품고 있지요. 운 좋으면 진주 품은 조개 몇 개쯤 살 수 있어요. 그 진주로 꽤 그럴 듯한 장신구와 장식품을 만들 수도 있지요.

배는 이어 코모도 섬으로 향해요. 여행객들은 이곳 바닷가를 기어 다니는 커다란 코모도왕도마뱀을 조심해야 해요. 이 도마뱀은 날카로운 발톱과 이빨로 염소나 어린 사슴 같은 작은 동물을 잡아먹고 살지요.

배가 자바 섬에 다다를 거예요. 여러 날을 배에서 보낸 여행객들은 아마도 이 섬에 내려 사원이며 야생 동식물들을 몹시 보고 싶을 거예요.

배는 이렇게 화산섬 여러 곳을 오가고 있어요. 아쉽게도 이 여행은 환태평양 화산대라고 알려진 화산섬 사슬의 아주 작은 부분일 뿐이지요.

부기스가 섬들 사이를 오가요.

용어 풀이

강 넓고 길게 흐르는 물줄기예요. 강은 대부분 바다로 흘러 들어가지요.

계곡 산이나 언덕 사이의 낮은 땅이에요.

고원 널따랗고 판판하며 때로는 바위가 있는 높은 벌판이에요.

고지대 산악이나 언덕처럼 높은 곳을 가리켜요.

대륙 지구의 커다란 땅덩이를 일곱 개의 대륙으로 나눌 수 있어요. 유럽, 북아메리카, 남아메리카, 아시아, 아프리카, 오세아니아, 남극이지요.

대양 대륙을 둘러싸고 있는 커다란 소금물이에요. 대양은 지구 표면의 3분의 2를 넘게 차지하고 있지요.

댐 강을 가로질러 물 흐름을 막아 놓은 것이에요.

바다 짠물이 모인 넓은 곳으로 하나로 넓게 이어져 있어요. 바다의 일부나 전부가 땅에 둘러싸여 있을 수도 있지요.

반도 삼면이 바다로 둘러싸인 좁고 긴 땅이에요.

빙하 얼음, 돌, 흙이 덩어리를 이루어 강처럼 흐르는 거예요. 눈이 안 녹고 빽빽하게 쌓이면서 빙하가 되지요.

사막 흙이 오랜 세월이 지나면서 모래로 바뀐 아주 메마른 땅이에요.

산 땅에서 아주 높이 솟아 있는 곳이에요. 언덕보다 높지요.

삼각주 강이 바다로 들어가는 어귀에 이루어진 판판하고 물기가 많은 땅이에요. 강에서 떠내려온 고운 흙, 모래와 자갈돌 들이 이곳에 쌓여 있지요. 보통 삼각형 모양을 하고 있어요.

생태계 식물과 동물이 어떤 환경이나 서식지에서 한데 어울려 살아가는 체계를 말해요.

섬 둘레가 물로 둘러싸인 대륙보다는 작은 땅을 가리켜요.

육두구 말려서 약으로 쓰거나 향료 따위로 써요. 서양에서는 메이스와 함께 향미료로도 써요. 인도네시아에서 육두구와 메이스가 가장 많이 나며, 메이스는 특히 생선 요리, 소스, 피클, 케첩 따위에 많이 쓰지요.

열대 우림 키 큰 나무와 식물 들로 우거져 있고, 사철 내내 잎이 푸른 숲이에요. 일 년 내내 매우 덥고 비가 내리지요.

적도 남극점과 북극점 가운데에서 지구를 빙 둘러가며 그린 상상의 선이에요.

지진 지각에서 일어나는 갑작스럽고 큰 움직임이에요. 대륙은 끊임없이 바뀌고 움직이는 크고 작은 여러 개의 판으로 이루어져 있어요. 이 때문에 지진이 일어나지요.

폭포 강물이 가파른 절벽에서 떨어지는 거예요.

해구 바다 밑 깊은 골짜기를 가리켜요.

해협 육지 사이에 끼어 있는 좁고 긴 바다예요. 즉, 물이 차 있는 계곡이에요.

협곡 아주 깊고 가파른 계곡이에요. 강이 빠르게 흐르면서 옆면을 깎아내리면 협곡이 만들어지지요.

호수 땅으로 둘러싸인 커다란 물웅덩이예요. 아주아주 큰 호수는 '–해'라고 하지요.

화산 산꼭대기에 나 있는 지구 표면의 틈이에요. 화산이 폭발할 때 지구 깊숙한 곳에 있던 용암, 화산재, 뜨거운 가스가 이곳으로 뿜어져 나와요.

찾아보기

ㄱ
가뭄 12
개구리 27
계절풍 12, 13
고래 24
고무 14, 15
고비 사막 9, 12, 13
공산 국가 20
관화 7
광물 24
긴팔원숭이 27

ㄴ
난징 12
날도마뱀 17
남극권 4, 5
남음 강 25
남중국해 10, 11, 12
남회귀선 4, 5
납 24
눈표범 17

ㄷ
담넌 사두억 수상 시장 22
대나무 15, 16
대서양 4, 5
대왕판다 16, 17
도쿄 6, 18, 19, 23, 26
돌고래 17, 29
동해 10, 11
두루미 17

ㄹ
라싸 27
라플레시아 14, 15
루손 섬 11, 20

ㅁ
마눌고양이 17
마닐라 6, 18, 19, 26
마닐라 만 18
마름 15
만리장성 23
메콩 강 10
모리셔스 8
몽골 5, 6, 7, 9, 16, 19
무술 21
무역풍 13
무화과 15
물소 17

ㅂ
반다르스리브가완 6
반다 섬 11, 29
발리 섬 19
방콕 6, 19, 22
벌레잡이 식물 14, 15
벚꽃 14
베이징 6, 18, 19
보르네오 섬 16
부기스 29
부석 8
북회귀선 4, 5
불교 20, 23

ㅅ
사원 25, 29
삼각주 11
상어 24
상하이 11, 18, 19
생태계 14
서울 6, 19
서해 10, 11
석곡 14
석유 25
수력 발전 25
수마트라 섬 8, 16
수마트라코뿔소 16, 17
수바나홍사 21
술라웨시 섬 29
쉐다곤 파고다 23
스타페리 22
시닝 27
신장 12
신칸센 26
싱가포르 6, 7, 14, 18, 19, 24, 28
싼샤 댐 10
쌍봉낙타 17
쓰나미 13

ㅇ
아루 섬 29
아시아코끼리 17
악어 16
인트라무로스 18
양곤 6
양쯔 강 11, 12
어린이날 20
에베레스트 산 9
엘니뇨 12
열대 우림 5, 9, 13, 14, 17, 27
오랑우탄 16, 17
오사카 19
우한 12
원숭이 16
유르트 19
이라와디 강 삼각주 11
이푸가오 족 9, 20
인도 9, 19
인도양 11, 12
일본 해구 11
잉어 20

ㅈ
자단 24
자두비의 계절 13
자바 섬 8, 27
자바코뿔소 16
자카르타 6, 19, 26
장수풍뎅이 17
적도 4, 5, 12, 13, 14
주석 24
지구 온난화 10
지진 8, 28
지프니 26
진주 29

ㅊ
차오프라야 강 삼각주 11
참치 24
천연가스 25
천지연 폭포 11
철광석 24
초콜릿 언덕 8
충칭 12
칭짱 철도 27
칭하이 성 27

ㅋ
카누 26
코모도왕도마뱀 17, 29
크라카타우 8

ㅌ
타이코 7
태권도 21
태평양 8, 11, 12, 13, 28
톤레사프 호 10
티모르 29
티베트 27
티베트 야크 17
티베트 고원 9, 10, 11, 12, 13, 16, 27
티크 21, 24

ㅍ
파시그 강 18
페라후 26
포가 7
프셰발스키말 16, 17
피나투보 화산 11
피니시 26

ㅎ
해협 10
협곡 11
호랑이 16
호찌민 19
홍하 강 삼각주 11
홍수 10, 12, 23
화산 8, 9, 11, 23
화산섬 28, 29
환태평양 화산대 8, 28, 29
황허 강 11
후스타이 국립 공원 16
후지 산 23
히말라야 산맥 8, 9, 13

31

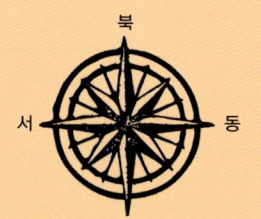 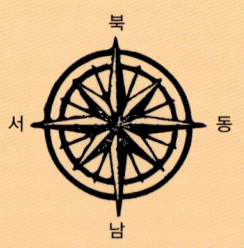

한눈에 보기

대륙
동북·동남아시아는 유럽 동쪽 끝에서 중국, 대한민국, 일본에 이르기까지 지구의 널따란 지역을 가로질러 뻗어 있어요.

나라
아시아는 중국과 몽골, 대한민국, 그리고 동남아시아의 여러 나라로 이루어져 있어요. 동남아시아의 여러 나라는 많은 섬을 가지고 있어요.

대한민국

지형
아시아 북부는 드넓고 판판한 땅이에요. 남부는 히말라야 산맥과 동남아시아 섬들이 서서히 움직이는 판을 이루고 있어서 화산 폭발과 지진이 자주 일어나지요.

물길
대한민국과 중국, 여러 나라가 있는 커다란 대륙에는 큰 강들이 가로지르며 흘러요. 이 대륙은 서해, 동해, 남중국해, 태평양, 대서양 같은 바다가 둘러싸고 있지요. 동남부에 흩어진 크고 작은 수천 개 섬 사이로는 좁은 해협들이 있어요.

기후
아시아에는 온갖 기후가 다 나타나요. 티베트 고원은 기나긴 세월 동안 얼어붙어 있지만, 고비 사막은 타는 듯 덥지요. 그 밖의 지역은 겨울에는 춥고 건조하며, 여름에는 덥고 비가 많이 내려요. 대부분 적도에서 불어오는 계절풍 영향을 받아, 한 철 내내 엄청난 비가 내리지요.

식물
아시아 북부는 나무와 꽃을 보기 힘든 건조한 초원이지만, 남쪽으로 갈수록 숲이 많이 나타나요. 히말라야의 산기슭은 늘 푸른 숲으로 덮여 있으며, 적도 가까이 덥고 습한 곳은 독특하고 화려한 꽃들로 가득한 열대 우림을 이루지요.

동물
동남아시아 북부에는 가축들이 뛰놀지요. 남부에는 우거진 숲이 밀림 속 동식물들한테 보금자리가 되고, 적도 가까이 섬은 화려한 새들과 동물들로 가득해요.

인구
세계 인구의 20퍼센트가 중국에 살아요. 아시아 대부분의 나라에서 인구가 빠르게 늘고 있어요. 전 세계 인구의 60퍼센트가 아시아에 살고 있어요.

민족과 풍습
아시아 사람들은 빠르게 바뀌는 세상에 살고 있어요. 도시가 커지고 현대 산업이 발달함에 따라 많은 젊은이가 도시 삶과 해외여행을 선택하지요. 하지만 지금도 많은 사람이 오랜 전통을 따르며 시골에서 살아요.

산업
중국의 제조업과 광업, 건설업은 세계에서 가장 빠르게 성장하고 있어요. 중국에는 철광석, 주석과 납 같은 광물 자원뿐만 아니라 아주 많은 노동력이 있어요. 덕분에 세계 어느 나라보다 값싼 비용으로 물건을 만들어 낼 수 있지요.

교통
동북·동남아시아에서는 전통과 현대의 교통수단을 모두 볼 수 있어요. 기차와 비행기가 나라 사이를 잇지만 낡은 나무배들도 여전히 섬들 사이로 물건을 실어 나르지요.

 # 꼬마 탐험가가 보는 지도책 (전 8권)

나라, 지형, 식물, 동물, 인구, 민족과 풍습, 산업 들에 이르기까지 세계의 여덟 곳을 생생한 사진과 눈에 쏙쏙 들어오는 그림으로 탐험해 보아요!

• 1권 유럽
작은 대륙이지만, 50여 개 나라가 옹기종기 모여 있는 유럽으로 떠나요!

• 2권 북아메리카
여러 문화가 함께 어우러져 있는 북아메리카로 떠나요!

• 3권 남아메리카
자연의 순수함을 느낄 수 있는 남아메리카로 떠나요!

• 4권 동북·동남아시아
세계에서 가장 많은 사람이 사는 동북·동남아시아로 떠나요!

• 5권 서남·중앙아시아
독특한 자연과 문화가 있는 서남·중앙아시아로 떠나요!

• 6권 아프리카
놀라운 자연이 살아 숨 쉬는 아프리카로 떠나요!

• 7권 오세아니아
세계에서 가장 작은 대륙인 오세아니아로 떠나요!

• 8권 극지방과 바다

신비한 극지방과 바다로 떠나요!